Nur ein
Hund

Gisela Ganter

Nur ein
Hund

Autor: Gisela Ganter
Fotos: Carmen Kamenzin, Roswitha Schultheiß, Heike Gasche
Gestaltung: Gisela Ganter, Reinhard Kögel
Korrektur: Heike Gasche
Herstellung und Verlag: Books on Demand GmbH, Norderstedt

Bibliografische Information der Deutschen Nationalbibliothek:
Die Deutsche Nationalbibliothek verzeichnet diese Publikation in der Deutschen
Nationalbibliografie; detaillierte bibliografische Daten sind im Internet
über http://dnb.d-nb.de abrufbar

Herstellung und Verlag: BoD - Books on Demand GmbH, Norderstedt

ISBN: 9783732248889

Dieses Buch widme ich Conny.

Man könnte meinen, sie hätte in den letzten 5 Jahren nichts anderes getan, als mich über den Verlust von lieben Angehörigen hinweg getröstet oder mit mir zusammen Ovy gepflegt, gekämmt und beweint.

Wir hatten in dieser Zeit auch sehr viel Spaß miteinander.. Sie hat mich immer wieder dazu gebracht nach vorne zu schauen und die positiven Seiten des Lebens zu sehen. Dafür danke ich ihr von Herzen.

Gisela Ganter

Vorwort

Es gibt keine Zufälle.

Man erkennt meistens nicht die wahren Gründe von Ereignissen und bezeichnet es dann als Zufall.

Als Candy in mein Leben trat befand ich mich im Aufstieg aus einer Talsohle:
Meine geliebte Briardhündin Ovy war 3 Wochen zuvor an einer Herzmuskelentzündung gestorben. Mit 12 Jahren.

Ovy stand für 100 Prozent. Egal ob es um ihre Vorliebe zum Sport ging – Agility oder Turnierhundesport. Wenn es um Gehorsam und Bindungsfähigkeit ging gab sie 200 Prozent. Ich brauchte mich nie nach Ovy umzuschauen – sie war immer einen Schritt hinter mir.

An ihrem Todestag sagte ich zu meiner Freundin Conny: „In Ovy's Halsband passt kein anderer Hund rein." Dabei meinte ich nicht den Halsumfang.

Ich wurde oft gefragt, wie man einen Hund erziehen muß, damit er wird wie Ovy.
Heute weiß ich die Antwort:

Diese bedingungslose Liebe kann man nicht durch Erziehung einfordern – man bekommt sie geschenkt.

Inhalt

Angst

Die Leute haben immer gesagt, der Hund kläfft ständig.

Was hätte ich denn machen sollen. Ich mußte doch Pipi machen oder wollte einfach raus. Oder gestreichelt werden. Oder so vieles andere. Irgendwann wußte ich nicht mehr warum ich kläffte. Und hab dann nur noch gekläfft. Wenn man mich immer wieder zu anderen Leuten gebracht hat, hatte ich Angst, ich dürfte nicht mehr zurück. Wollte ich etwas sagen, hat mich niemand beachtet. Manchmal hat man mich gestreichelt und gefüttert. Das war nicht schlecht. Ich habe immer alles aufgegessen was man mir gegeben hat und irgendwann wollte ich auch nicht mehr raus.

Aber ich mußte doch immer wieder woanders hin. 9 Jahre lang.

Und dann hat mein Herrchen mit seiner Frau ein Baby bekommen. Das hat man ständig gestreichelt und liebkost. Ich wollte das Baby nicht und habe versucht es zu verjagen. Jetzt sind die Menschen richtig böse geworden.

Plötzlich hat sich alles gegen mich gewendet. Ich hab die Worte von den Menschen nicht verstanden, aber die Spannung konnte ich fast nicht mehr ertragen und habe noch mehr gekläfft, bis ich fast keine Luft mehr bekommen hab. Alles war nur noch schlecht. Keiner war mehr freundlich zu mir. Ich hab oft Tierheim oder Tierarzt gehört, aber ich weiß nicht was das ist. Ich glaube nicht, daß es etwas Gutes ist.

Herrchen war auch immer weg. Dann sind fremde Leute ins Haus gekommem, damit ich nicht kläffe. Die sind aber auch nicht mit mir rausgegangen und ich mußte doch Pipi machen.

Ich war auch oft bei Gertrud. Sie war immer gut zu mir und ist auch mit mir gelaufen. Aber später wurde ich wieder abgeholt und alles war wie vorher.

Ich hatte jetzt nur noch Angst.

An einem Tag kam eine Frau zu meinem Herrchen. Sie hat mir was ganz Tolles zum Essen gegeben. Ich bin gleich auf ihren Schoß gesprungen und hab noch mehr bekommen. Dann ist sie aufgestanden,

Herrchen hat mich angeleint. Die Frau hat mich genommen. Ich dachte - schon wieder alles wie bisher - aber die Frau hat gesagt "Ich nehme nur das Körbchen mit". Dann sind wir gegangen.
Es war nicht weit. In ihrem Haus schlief ein großer schwarzer Hund. Er hat mich nur angeschaut und hat dann weiter geschlafen. Ich habe mich sofort so wohl gefühlt. Es war so friedlich hier. Ich konnte die Liebe förmlich riechen, die man mir entgegenbrachte.
Von der Aufregung habe ich Durst bekommen. Die Frau hat mir sofort Wasser hingestellt. Obwohl ich gar nichts gesagt habe.

Dann hab ich mich hingelegt und bin eingeschlafen. Ich war Zuhause.

Als ich aufgewacht bin, war ich immer noch bei der Frau. Auch der große Hund war noch da. Ein ganz Lieber.

Es war kein Traum.

Da geh ich nicht mehr weg. Da war ich ganz sicher. Egal was die machen – ich bleibe!!!!

Ja, ich bin geblieben. Manchmal werden auch Hundeträume wahr.

Abschied

Am Abend des 13.März 2013 saß ich tränen-
überströmt auf dem Boden, meine 12-jährige Ovy
im Arm, ahnend, daß unsere gemeinsame Zeit zu
Ende ging. Sie bekam nur sehr schwer Luft. Ich hatte
für den nächsten Tag Urlaub genommen, weil ich sie
zu der Tierärztin meines Vertrauens bringen wollte
– allerdings 100 km entfernt. Ich hatte sie für
transportfähig gehalten – jetzt kamen mir Zweifel.

„Ovy, wenn es Dir zu schwer wird, dann geh. Nero
und ich, wir schaffen das schon."
Sie hat mich verstanden.

Am nächsten morgen um 6 Uhr ist sie in meinem
Arm eingeschlafen – für immer. Es war der
schwärzeste Tag in meinem Leben ! Nie war sie
schöner – glänzendes Fell, schön gekämmt, nicht
abgemagert – nur tot. Ich konnte sie noch den
ganzen Tag bei mir behalten, um mich zu
verabschieden.

Als Erstes errichtete ich einen Altar an ihrem angestammten Platz im Wohnzimmer - weil ich die Leere nicht ertragen konnte. Ihr Halsband aus rotem Filz, einige ihrer zahlreichen Pokale, eine Kerze und Blumen schmücken den Platz – bis heute. An der Wand hängt ihr Bild.

Nero hat geheult wie ein Wolf. Wir waren beide aufgelöst in unserem Schmerz. Nero baut normalerweise Streß ab, indem er sich im Gras wälzt. Beim ersten Gassigehen wälzte er sich 26 mal. Erst Ignatia, das homöopathische Trauermittel brachte etwas Erleichterung.

Nachts schlief er in meinem Arm. Nach 3 Tagen arbeitete ich wieder und hatte jeden Abend Angst, daß auch er tot sei, wenn ich heimkomme.

Leben

Nach ungefähr 2 Wochen entspannte sich die Situation.

Wir unternahmen jeden Abend übermäßig lange Spaziergänge, verbrachten viel Zeit auf dem Hundeplatz und Nero schloß sich mir noch enger an nachdem ich mit dem Amichien bonding begonnen hatte. Ovy war eine Alphahündin. Sie stellte meine Stellung nie in Frage, aber Nero hatte schön unter dem Teppich zu bleiben. Diese Rolle übernahm ich nun indem ich ihm mit den verschiedenen Übungen nach Jan Fenell (Mit Hunden sprechen) Sicherheit gab. In ihrem Buch hatte Jan Fanell immer wieder angesprochen, wie schnell die Hunde diese Verhaltensweisen akzeptieren – ich kann es nur bestätigen. .

Allmählich normalisierte sich unser Leben, wenn auch der Schmerz blieb.

Bis zum 04. April 2013.

Neubeginn

Der Gedanke an einen zweiten Hund lag mir momentan Lichtjahre entfernt.

Durch Ovys immer häufigere Erkrankungen hatte ich mich allerdings schon damit beschäftigt, weil Nero von Anfang an ein Zweithund war. Wie würde er das Alleinsein verkraften? Daß nur ein Briard in Frage kam, war für mich seltbstverständlich. Allerdings hatte ich zu dem Zeitpunkt keinen Gadanken daran, auch weil Nero das Zusammensein mit mir richtig zu genießen schien.

Am Abend des 04. April 2013 erzählte mir eine Nachbarin, daß der Hund von ihrem Sohn „weg muß."
Er wolle mit der Freundin zusammenziehen, die mag den Hund nicht, der ja immer nur kläfft und nicht allein sein kann. Man hatte schon Tierärzte gefragt, ob sie ihn einschläfern würden, das Tierheim kostet nämlich eine Menge Geld. So um die 180 €.

Wie ich später erfuhr, fand sich auch kein Jäger, der den Hund im Wald erschoßen hätte.

„ Mein Gott, was seid ihr für Menschen" war meine Antwort und ich ging zu meinem Nero.

Das war am Donnerstag.

Am Samstagmorgen, einen Tag vor meinem Geburtstag, fiel mir die Geschichte wieder ein. Der Hund, ein kleiner Spitzmischling, kläfft tatsächlich immer. Aber was hätte er im Tierheim zu erwarten – kläfft Tag und Nacht, bis er vor Erschöpfung tot umfällt – für den interessiert sich garantiert keiner. Diese Vorstellung elektrisierte mich aufs Äußerste. Ich rief früh am Morgen die Züchterin von Nero an und erzählte ihr alles. Sie war genauso entsetzt wie ich, warnte mich aber „Mitleid sei die schlechteste Motivation, einen Hund ins Haus zu holen". Aber so weit war ich noch nicht.

Ein paar Stunden später kam Gertrud, ebenfalls eine Nachbarin bei mir vorbei, die den Hund oft in Pflege hatte. Ich bat sie herein und fragte sie nach dem Hund. Sie regte sich auch furchtbar über die Herzlosigkeit dieser Leute auf. Sie konnte ihn aber nicht zu sich nehmen, weil ihr Mann besonderer Pflege bedarf. „Aber wenn Du den Hund nimmst, werde ich Dir helfen"!

Der Hund sei in letzter Zeit völlig orientierungslos, weil er merkt, daß etwas vor sich geht, kann es aber nicht einordnen.

Warum eigentlich nicht, fragte ich mich. Es war kein Mitleid, es war einfach richtig.

Abends auf meiner Geburtstagsfeier im Vereinsheim der Hundefreunde St.Georgen, erzählte ich meinen Gästen von meinem Vorhaben. Natürlich fand ich allgemeine Zustimmung. Man freute sich mit mir, weil man wußte, wie sehr ich unter dem Tod von Ovy litt. Und auch für Nero würde es eine Bereicherung sein.

Meine Hundesitterin Nina kam mit ihrer Familie etwas später. Sie wohnt gegenüber von dem Hund. Sie hatte mit dem bisherigen Besitzer in den letzten Tagen öfter über sein Problem gesprochen. Sie selbst hat zwei Hunde, eine vierjährige Tochter und erwartete gerade das zweite Kind. Es war für sie nicht möglich, den Hund zu sich zu nehmen. Obwohl sie ihn auch schon stundenweise betreut hatte. Die Zahl der bisherigen Betreuer nahm stündlich zu. Jetzt platzte sie plötzlich mit der Neuigkeit heraus: „Morgen früh kommt der Hund ins Tierheim." Ich bat sie, sofort anzurufen und dem Besitzer zu sagen, daß ich den Hund am Sonntagmorgen um 9.30h abholen werde.

Jetzt war es raus.

Am Morgen des 7.April, meinem Geburtstag, wachte ich auf, mein erster Gedanke war der Hund. Ich horchte in mich hinein – kein Bauchweh – nichts.

Trotzdem waren einige Überlegungen anzustellen:

Der Hund ist 12 Jahre. Selbstverständlich würde ich ihn die 19 Treppen zu meinem Terassenhaus hochtragen. Er sah aus wie ein kleiner Zeppelin, völlig ohne Konturen. Ich schätzte ihn auf ca.10 kg. (11,3 kg wie sich herausstellte).
Er kläfft – damit wollte ich mich später beschäftigen. Ich hatte ihn schon häufig gesehen, aber nicht wahrgenommen, weil er jeden nur ankläffte. Und er war von heller Farbe.

Was hatte ich zu bieten?

a ist zunächst Nero – ein stattlicher Briardrüde von Jahren und einer Schulterhöhe von 69 cm. Sehr souverän und ein mmchen von Gemüt. Daher waren keine Probleme zu erwarten.

Der Hund mußte einfach nur mit uns, unser Leben leben – d.h. ein aktives Leben:
Ich betreibe nebenberuflich mit Conny eine Hundekeksmanufaktur mit Frostfleischvertrieb.
Gut, es hat noch keinem geschadet an der Quelle zu sitzen. Allerdings sind wir durch diese Tätigkeit mindestens ein Drittel des Jahres mit dem Wohnmobil unterwegs.

Ansonsten geht es zweimal in der Woche auf den Hundeplatz, „just for fun", daß die grauen Zellen nicht einrosten. Da ich ganztags berufstätig bin, beginnt mein Tag morgens vor 4 Uhr. Tagsüber werden die Hunde von 2 Hundesittern betreut. Der Abend, ab ca. 17h gehört meinen Hunden.

Für mich war die Entscheidung noch immer richtig.

CANDY

Nach Gassigehen, Füttern und Frühstück ging ich zu dem Hund. Nach dem Klingeln hörte ich schon das bekannte Kläffen. Als ich mich im Wohnzimmer hinsetzte, gab ich dem Hund ein bißchen getrocknetes Fleisch und er sprang gleich zu mir auf das Sofa. Und blieb.

Ich erfuhr noch, daß es sich bei dem Hund um einen Spitzmischling handelte, Vater Terrier, Mutter Spitz, und daß er vor ca. 9 Jahren aus dem Tierheim geholt wurde. Davor war sein Leben anscheinend nicht „so nett" verlaufen.....Es wurde kurzer Prozeß gemacht. Außer dem Körbchen nahm ich nichts mit. Hund an die Leine und Gassi gehen, d.h. vor dem Haus auf einem Wiesenstück Pipi machen. Offensichtlich zum erstenmal an diesem Tag und gleichzeitig auch noch das große Geschäft. Morgens nach 10 Uhr. Ihr bisheriger Besitzer ist mit mir gegangen, ist ja nur ein paar Häuser weiter, um das Körbchen mit dem Kissen zu tragen. Bei mir an der Wohnungstür angekommen, ist er gegangen.

Candy ist bei mit eingezogen. Sie hat sich kein einziges Mal umgeschaut.

Sie geht in meine Wohnung, Nero beäugt sie schläfrig mit 700 g Pansen im Bauch, Candy schaut sich um, legt sich hin. Später hat sie mir gezeigt, wo sie Wasser trinken und schlafen möchte. Überhaupt ist mir aufgefallen, daß sie sich sehr häufig mitteilt, d.h. sie spricht mit mir. Vermutlich ist es auch das erstemal, daß sie jemand versteht bzw. beachtet.

Später bin ich mit ihr zum Tanken gefahren und hab sie auf dem Hundeplatz vorgestellt. Sie hat sich während der Fahrt schön ruhig verhalten, auf dem Hundeplatz wollte sie gleich alle ankläffen, aber ein kurzes „Nein" hat sie gleich akzeptiert. Die allgemeine Meinung war einstimmig: Unheimlich hübsch – aber viel zu fett!!!

Nachmittags kamen Conny und ihr Mann Reinhard zum Geburtstagskaffee.

Reinhard sagte sofort: „Oh Gott, ist DIE hübsch, die Kleine hätten wir auch genommen".

Später fragte er mich, wie lange ich Candy eigentlich schon hätte. Diese Frage erstaunte mich, da wir uns am Vorabend auf der Feier lang und breit über mein „Unternehmen Hund" unterhalten hatten.
Reinhard war nur irritiert, weil Candy sich benahm, als ob sie schon Ewigkeiten bei mir leben würde.

Abends ging ich mit Freunden zum Essen. Sie legte sich neben den Tisch. Der fremde Briard unter dem Tisch hat sie nicht interessiert. Als ich mal raus mußte, gab ich Micha die Leine in die Hand. Bei meiner Rückkehr, fragte sie mich „seit wann hast Du diesen Hund?"
„Seit heute morgen 10 h." „Unglaublich, sie hat den Blick nicht von der Stelle gewandt, wo Du hingegangen bist."

Bis zu dem Zeitpunkt hatte sie noch kein einziges Mal gekläfft. Im Auto meldete sie sich nur, wenn sie mal mußte, allerdings nur durch Fiepen.

Die erste Nacht und auch der Montag verliefen Geräusch- und problemlos. Gertrud ging morgens um 10h mit ihr Gassi. Sie hatte sich nur kurz gemeldet, weil sie eben mal mußte. Ich bin mit den Hunden morgens von 04.15 h bis ca. 05.00h unterwegs. Und bevor ich das Haus verlasse, dürfen sie sich am Waldrand nochmals erleichtern.

Als ich nachhause kam, galt das gleiche für Candy, wie für Nero – Amichien bonding - keine Begrüßung bzw. Beachtung, erst Tasche abstellen, dann Umziehen – dann KNUDDELN. Nero haut sich dabei auf mein Bett und spielt Dinosaurier. Candy waren diese Geräusche nicht geheuer, sie blieb mal lieber auf Abstand. Aber auf meinem Schoß war sie den Streicheleinheiten nicht abgeneigt. Allerdings hatte sie einen sehr strengen Körpergeruch – besser gesagt, sie stank entsetzlich. Ich hoffte auf die Rohfütterung, was sich inzwischen auch bestätigt hat. Außerdem atmete sie sehr schwer, was sicher auch mit ihrem Übergewicht zusammenhing. Sie hatte auch entzündete Augen. Die behandelte ich sofort. Den Gang zum Tierarzt schob ich noch auf. Sie sollte sich erst einleben.

Basis

Im Wald blieb sie erstmal an der Leine. Bald merkte
ich aber, das ist nicht mein Ding! Was soll ich mit
einem Hund an der Leine? Außerdem muß sie ja
abnehmen. Also – abgeleint, und Candy blieb bei
mir! Dabei kam zum erstenmal dieses
unwiderstehliche Strahlen in ihre Augen, mit dem
sie sofort jeden für sich gewinnt.

Natürlich hatte ich getrocknetes Straußenfleisch bei
mir. Sie bekam nur ganz winzige Stückchen, Nero
würde „Abfall" dazu sagen, aber für „ den Abfall" tat
Candy alles.

Nach einigen Tagen war mir klar, daß ich mich
Candy irgendwie verständlich machen mußte.
Unternehmen „Clicker" wurde gestartet, natürlich
mit Rinderhack.
Auf diese Weise war der Rückruf gesichert und
schon bald konnte sie auch „Sitz" und „Platz". Für
mich war von Anfang an wichtig, daß Candy nicht
überfordert wird. Schließlich kannte sie nichts.
Allerdings auch nichts Schlechtes.

Sie war bisher halt „nur ein Hund".

Spaß und Spiel

Durch ihre Wißbegier bringt sie mich immer auf
neue Ideen bis ich merkte, daß Nero etwas zu kurz
kam.. Auf unseren Spaziergängen „rauft" er nämlich
gern mit mir. D.h. Ich remple ihn an, und ab da ist
außer Beißen und Treten alles erlaubt. Diese rüden
Spiele liebt er über alles. Allerdings erschreckten sie
Candy. Inzwischen beschäftigt sie sich in dieser Zeit
in sicherer Entferung durch Schnüffeln oder in allen
„möglichen Dingen" wälzend, und während ich
mich intensiv mit Candy beschäftige, geht Nero
„seinen Geschäften" nach. Sie bleiben beide immer
in Rufweite.

Seit einigen Tagen haben sie sogar ein gemeinsames Spiel entdeckt, sich Stöckchen abjagen. Wobei die Stöckchen von Nero schon die Ausmaße von mittleren Baumstämmen haben, was Candy nicht davon abhält, ihn trotzdem zu verfolgen. Und so geht es auch umgekehrt, wenn Candy eines hat, wird sie von Nero verfolgt, er klaut es ihr allerdings nicht, sonst wär das Spiel ja zu Ende, er spielt einfach mit ihr.

Nach jedem Spaziergang denke ich, die Einzige die hier abnimmt, bin wahrscheinlich ich, weil Nero und Candy schon recht viele, aber wie gesagt äußerst kleine Leckeli bekommen.

Der Ernst des Lebens

Nach einer Woche war der Gang zum Tierarzt nicht mehr aufzuschieben, da ich inzwischen auch erfahren hatte, daß beim bisherigen Besitzer der Impfausweis „verlorengegangen„ war.

Candy ging mit mir ins Wartezmmer, legte sich zwischen die anderen Hunde und wartete. Ganz cool in Erwartung von neuen Abenteuern.

Ich sah mir die Bilder an der Wand an – und entdeckte plötzlich Candy. Nicht unter „wanted" sondern unter „abzugeben" um sie vor dem Tierheim zu bewahren. Ich hatte das Bild die ganze Zeit in meinem Blickfeld, aber das war der Hund von früher, nicht das strahlende, unternehmungslustige Kerlchen, daß ich dabei hatte, sondern ein Hund in einer grünen Wiese mit abgewandtem Blick.

Der Tierarzt stellte eine nicht richtig schließende Herzklappe fest, noch ganz am Anfang und es kann auch medikamentös sehr gut behandelt werden und natürlich starkes Übergewicht. Da sie vermutlich schon sehr lange fettleibig war dürfte ich es mit dem Abnehmen nicht übertreiben. Ich entschloß mich, daß Candy normale Futterportionen bekommen würde, das Abnehmen mußte durch Bewegung von statten gehen.

Mit dem Impfen wollten wir noch 2 – 3 Wochen warten.

Die Atmung hat sich inzwischen normalisiert und an Gewicht hat sie ca, 1 Kilo verloren. Man hat den Eindruck, wenn sie nochmals 1 Kilo verliert, dann fliegt sie. Allerdings ähnelt ihr Verhalten, mit jedem Pfund, daß sie abnimmt immer mehr dem Terrier. Was für mich kein Problem ist. Aus dem sanften Wesen ist ein neugieriger, unternehmungslustiger Hund geworden. Der immer strahlt.

Bei einem weiteren Tierarztbesuch, ich stand gerade an der Kasse, rief plötzlich eine Frau aus dem Wartezimmer: „Das ist doch Candy". Sie kam gleich mit ihrer Tochter zu mir, und erzählte mir, daß sie den Hund fast 2 Jahre Tag- und Nacht bei sich hatte - halt immer, wenn das „Herrchen" keine Lust auf Hund hatte. Sie hatte den Hund so gern. Angeblich spielte er so gern mit ihrem Hund. Ich gab ihr meine Visitenkarte in der Hoffnung, ich würde noch mehr aus Candys Vergangenheit erfahren. Aber inzwischen bin ich mir nicht mehr sicher, ob ich das will. Sie hat sich auch nicht bei mir gemeldet.

Alltag

Neulich beobachtete ich sie, daß sie sich an meinen Kauartikeln zu schaffen machte. Aber da Nero nicht klaut, und ein „Nein" von mir, haben sie sehr schnell von ihrem Vorhaben absehen lassen.

Ein Vollbad, das richtige Futter, ein ausgefülltes Leben und ganz viel Liebe haben aus Candy eine wunderschöne Hündin gemacht – nicht zu vergessen dieses Strahlen ihrer Augen läßt sie zu etwas ganz Besonderem werden.

Über Pfingsten „durfte" sie mit auf die Internationale Hundeausstellung nach Saarbrücken. Ich machte mir natürlich Gedanken, wie ihr die mindestens 3 stündige Fahrt im Wohnmobil bekommen würde. Candy hat das einmal wieder auf ihre Art gelöst: Zuhause ist sie in ihre Box eingestiegen und in Saarbrücken ist sie wieder ausgestiegen. Das ist Candy!

Normalerweise wird Nero überall bewundert, wegen seiner Größe, seiner Fellpracht und wegen seiner Sanftmut. Nicht zuletzt auch deshalb, weil er den Menschen direkt in die Augen schaut. – Nicht so in Saarbrücken. Candy hat ihm doch glatt den Rang abgelaufen – sie strahlt die Menschen nur an, und schon ist es um diese geschehen!

Das habe ich kürzlich auch bei einem Nachbarn erlebt. Er wußte bereits, daß Candy bei mir eingezogen war. Er ging in die Hocke um sie zu streicheln. Sie sprang sofort auf seinen Schoß und gab Pfötchen. „Das ist ja ein richtiger Hund, und wedeln kann er auch!" rief er. Es war ihm wie mir ergangen, man wußte, daß es den Hund gab, hat ihn aber nicht wahrgenommen.

Nero ist für sie durch seine Größe auch kein Wesen mehr von einem anderen Stern . Wenn er ihr im Weg ist, schlüpft sie unter ihm durch – kein Problem mit ihren 35 cm, oder sie springt über ihn. Wenn sie allerdings in mein Bett möchte und Nero liegt schon davor, geht sie lieber außer herum.

Er fordert sie auch immer öfter zum Spielen auf.

Wenn ich darauf achte, daß es nicht zu heftig wird, läßt sich Candy auch darauf ein.

Auf dem Hundeplatz ist sie nicht zu bremsen. Egal ob Fährten, Unterodnung oder Agility für Anfänger – sie macht alles mit Begeisterung. Ich vergleiche Candy inzwischen mit einem ungeschliffenen Diamanten. Ich habe sie an meinem 59. Geburtstag zu mir geholt – das wird fortan als ihr 1. Geburtstag gefeiert.

Nero als der „Dritte im Bunde" hat auch noch was zu sagen:

Ihr habt es jetzt ja alle gelesen – wir sind wieder zu dritt!

Es war sehr schlimm als Ovy über die Regenbogenbrücke gegangen ist. Ich habe es zwar gewußt, daß sie geht, aber ich wußte nicht, daß es so weh tut. Auch Mami hat nur noch geweint. Als dann Conny kam, hab ich geglaubt jetzt wird alles gut, so wie damals als Herrchen uns für immer verlassen hat,

Aber Conny hat auch geweint und ich war allein.

Als Herrchen gestorben ist, hatte ich ja noch Ovy und Mami. Aber Mami war so lange so traurig, bis wir mit Conny und unserem großen Auto immer ganz lange weggefahren sind. Das machen wir auch jetzt noch. Darum habe ich gedacht, wenn Conny kommt, wird alles gut.

Irgendwann ist es auch dieses Mal besser geworden. Mami hat mir so kleine weiße Sachen ins Maul gegeben. Ich durfte bei ihr im Bett schlafen und wir haben ganz viel miteinander gespielt. Nina ist auch öfter als sonst gekommen und hat mich gestreichelt und mir Äpfel gegeben. Eigentlich war das Alleinsein mit Mami auch schön. Aber wir waren schon oft sehr traurig.

Und dann hat sich alles geändert:

Mami hatte Geburtstag. Da kommen immer ganz viele Leute, die mir Äpfel geben, aber diesmal fing schon alles ganz anders an. Mami hat mich nach dem Gassigehen gefüttert und ist weggegangen – hat einfach gesagt „ich komm gleich wieder" und war weg.

Sie ist auch gleich wieder gekommen. Sie hatte allerdings jemanden dabei: Candy . Ich hätte sie für einen toten Fuchs gehalten, so wie die stank! Ich kannte sie natürlich, nicht wirklich, sie hat mich ja immer nur angekläfft. Aber das war mir im Moment egal. Nach dem Frühstück brauche ich erstmal ein paar Stunden Schlaf. Mami wußte ja, daß ich nichts dagegen habe, wenn sie jemanden mit nachhause bringt.

Später habe ich mir die Kleine dann mal genauer angeschaut. Irgendwie war sie anders als meine anderen Hundefreunde. Ich konnte ihre Augen sehen und was ich da gesehen habe hat mir nicht gefallen – sie war so klein und doch so groß. Als ob sie alles wüßte. Mami nennt mich immer „mein kleiner Philosoph". Ich weiß zwar nicht was das ist, aber wenn sie damit meint, daß ich viel über alles nachdenke, hat sie recht. Ich will auch immer alles genau wissen.

Naja, zurück zu dem kleinen Stinker. Sie ist jedenfalls gleich hinter Mami hergewesen, was ich ja verstehe. Und als Conny und Reinhard kamen, hat Reinhard sowas gesagt, daß er sie gerne mitnehmen möchte. Da hab ich doch so einen kleinen Stich im Herz gespürt – nein, eigentlich wollte ich das nicht. Ich hatte das Gefühl, die Kleine wäre schon immer da gewesen. Und wir haben sie ja auch nicht hergegeben.

Am Abend sind wir mit dem Auto weggefahren.. Da hat Candy plötzlich nur noch gejammert. Ich wollte sie beruhigen und hab ihr meine Pfote auf den Kopf gelegt, aber plötzlich war fast der ganze Hund weg und hat erst recht gejammert. Ich wußte ja nicht, daß sie so klein ist. Mami achtet seitdem darauf, daß ich etwas vorsichtiger bin.

Ich habe auch bald festgestellt, daß sie gar nicht weiß, wie man richtig Spaß haben kann. Sie ist auch im Wald immer nur bei Mami geblieben, bis ich ihr mal einen Stock gebracht habe und inzwischen machen wir auch andere Sachen miteinander.
Mami bringt ihr ziemlich viel bei, so wie mir vor vielen, vielen Jahren. Und weil ich mithelfe, bekomme ich auch wieder mehr Leckerlis, wenn auch furchtbar kleine.
Und sie bekommt immer ein Stück von meinem Apfel – naja, nicht direkt von mir. Mami teilt es auf. Weil Candy so klein ist kann sie ja keinen ganzen Apfel essen,
Daß ich noch genauso groß bin wie vorher hat noch keiner gemerkt.

Auf dem Hundeplatz wird die Zeit zwischen uns aufgeteilt. So kann jeder viele verschiedene Sachen machen und sich zwischendurch auch mal ausruhen.

Die Kleine ist ganz schön cool: Die hat nämlich keine Angst vor Gewitter!

Mami hat mal zu Ihrer Mami gesagt: „Du hast es ja gut mit Deinem Hörgerät. Schaltest es einfach ab, wenn Du was nicht hören willst."

Seitdem habe ich mir schon oft überlegt, ob es auch ein Hörgerät für Hunde gibt. Ich würde es bei jedem Gewitter abschalten und auch im Winter, wenn es in der einen Nacht so laut ist. Und ich deshalb nichts zum Essen bekomme. Wegen der Magendrehung, wie Mami immer sagt. Und ich würde es auch abschalten, wenn Mami davon erzählt, was das frühere Herrchen mit Candy machen wollte, weil er sie nicht mehr haben wollte. Ich verstehe zwar nicht alles, aber Mami wird dann immer ganz zornig, so wie ich sie gar nicht kenne, oder besser gesagt fast nicht kenne – nur wenn ich einen Apfel klaue und versuche ihn unter meinem Fell zu verstecken.

Eigentlich ist wieder vieles so wie früher. Mami lacht auch wieder ganz viel.

Jedenfalls ist es gut, daß Candy jetzt bei uns ist.
Mamis Herz ist so groß – das reicht für uns beide.

Vergangenheit

Wenn ich Nachmittags nachhause komme, dürfen Candy und Nero erstmal an den Waldrand. Candy macht nur Pipi und geht gleich wieder in „ihr" Haus. Nero brauchte an diesem Tag etwas länger, also bin ich mit ihm in den Wald gegangen. Plötzlich hörte ich das Kläffen von Candy.

Vor meinem Haus stand der frühere Besitzer von Candy und versuchte sie zu beruhigen. Sie raste ständig knurrend auf ihn zu, hatte das Nackenfell gesträubt und wollte ihn verjagen. Sie war auch durch mich nicht zu beruhigen.

Plötzlich drehte sie sich um, rannte die Treppen hoch und verschwand im Haus. Hätte sie es gekonnt, sie hätte die Haustüre zugeschlagen! Danach raste sie wie von Sinnen immer um das Haus – durchs Wohnzimmer – durch die Terrassentüre – durch die Haustüre – usw. Ich beendete die Sache, indem ich die Türen schloß und mit Nero auf der Terasse zum Kämmen blieb.

Nach ca. 1 Stunde war ich fertig und wollte nach Candy sehen, weil sie sich plötzlich ruhig verhielt. Nach längerem Suchen fand ich sie schließlich hinter der Toilette, hochkannt wie eine Schnecke zusammengerollt, angelegte Ohren, starrer Blick. In dem Moment dachte ich, ich würde sie verlieren.

Ich hab sie natürlich auf den Arm genommen, auf den Tisch gestellt und ganz lange gebürstet. Danach hat sie ein besonders hartes Leckerli bekommen und nach dem Gassigehen, diesmal an der Leine, um ihr Dazugehörigkeit zu demonstrieren, war sie wieder beruhigt. Und am nächsten Tag hat sie mich wieder angestrahlt.

Ich glaube nicht, daß es ihr in ihrem früheren Leben wirklich schlecht ergangen ist. Sie wurde nur nicht beachtet. Inzwischen ist mir auch klar geworden woher das Kläffen kam: Wenn man sich nur einmal am Tag lösen darf würde ich auch kläffen.
Da ihr auch die notwendige geistige Auslastung fehlte, mußte sie sich irgendwie abreagieren. Und jetzt mit 12 Jahren paßte sie einfach nicht mehr in die Zukunftspläne des Besitzers:Die Freundin hatte ein Kind bekommen, er wollte zu ihr ziehen, durfte

aber den Hund nicht mitnehmen. Somit nahm das
Schicksal seinen Lauf: Der Hund mußte weg......

Dankbarkeit

Ich weine noch sehr oft um Ovy. Candy ist kein
Ersatz für sie. Das wäre ungerecht. Sie ist eine eigene
Persönlichkeit, wenn auch in vielem Ovy sehr
ähnlich. Vor allem in ihrer Begeisterungsfähigkeit.

Meistens verbringt man ein halbes Hundeleben mit
dem Versuch, aus einem Hund das zu machen, was
Candy mir täglich schenkt:

Vertrauen
Liebe
Gehorsam

Auch darin erkenne ich Ovy. Kein Hund auf der
Welt hatte ihre Bindungsfähigkeit und dann kam
Candy – wenn ich diese Vergleiche anstelle wird mir
ganz unheimlich zumute, aber ich nehme das
Geschenk dankbar an.

Nachwort

Dieses Buch entstand, als Candy 7 Wochen bei mir lebte.

Was mich auch heute noch sehr beeindruckt, ist die Tatsache, daß so viele Menschen von Candys Schicksal wußten. Jeder hat sie ja „so geliebt", aber keiner hat sie genommen. Wenn ich diesen Leuten heute begegne, können sie es nicht glauben, daß das derselbe Hund ist. Sie sagen nur „ ja DEN Hund hätte ich auch genommen".

Übrigens, aus „Candy „ ist inzwischen „Kasperle" geworden.

Dieser Name drückt meine ganze Liebe zu ihr aus und trifft genau ihr Wesen.

Ovys Art zu gehen, bezeichne ich als letztes großes Geschenk von ihr – sie hat uns beide vor dem letzten Gang zum Tierarzt bewahrt. Ich darf mir nichts vormachen, jeder hat die Knoten in ihrem Bauch gespürt – keiner hat darüber gesprochen. Eine weitere Operation hätte ich abgelehnt. Ihr Herz war einfach zu schwach.

Ihre letzte Ruhe hat sie an einem sonnigen Waldrand gefunden, ich fahre fast täglich vorbei und sage „Hallo Ovy".

Ich kann abschließend nur eines sagen:

DANKE OVY

Eine der schönsten Reaktionen auf die Todesnachricht von Ovy kam von einer Hundesportlerin: „Jetzt kann sie mit ihrem Herrchen im Himmel endlich wieder Turniere laufen."

56

1